BEST DELICIOUS BURGERS

DISH OF THE DAY — HOT SOUPS

HOMEMADE COLD BREW

TEA — FILTERCOFFEE

SALAD — CAKES

SMOTHIES COOKIES

RAW FOOD

FRESH COCONUTS

DESSERTS

LAAUMA BERLIN

* SONNTAGSTR. 26 - 10245 N

ALL·VEGAN REAL FOOD

BREAKFAST
LUNCH
DINNER

WED - FRI - 15·22
SAT - SUN - 12·22

LOVE

SAISONAL
100% REAL
HANDMADE

info@Laauma.com

INHALT

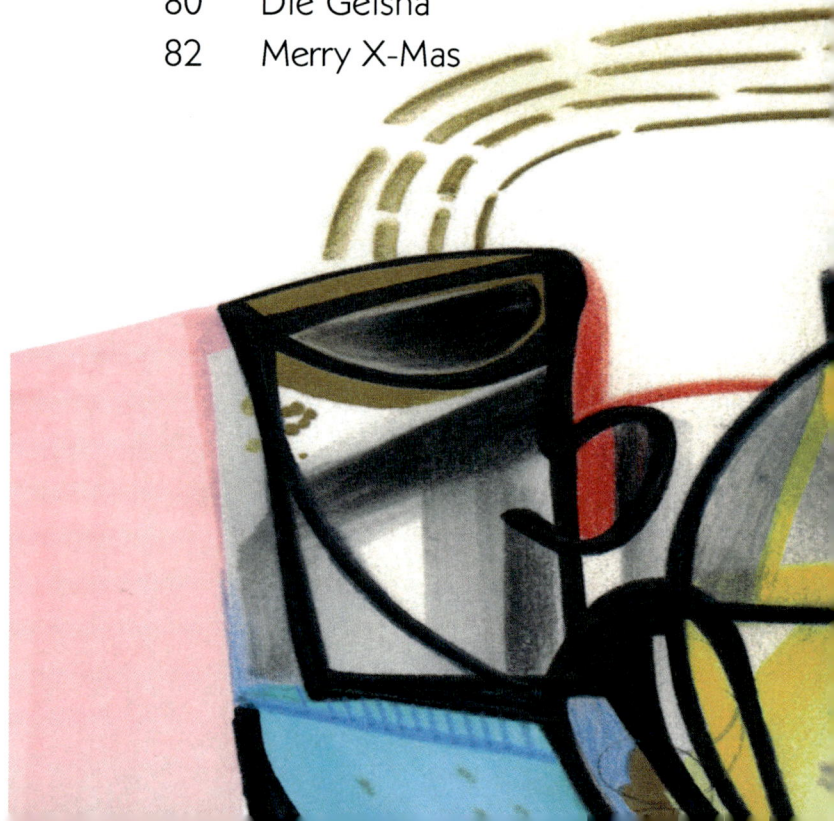

Impressum

© 2016
Jessica Mach und Peter Aurisch
Real Food Is Something You Share
First Edition

ISBN-13 : 978-1540638380
Printed by Amazon Distribution GmbH

Fotos: Jessica Mach und Peter Aurisch
Illustrationen: Peter Aurisch
Layout und Texte: Jessica Mach
Lektorat: Paul Vetter

Sonntagstraße 26
10245 Berlin
www.laauma.com

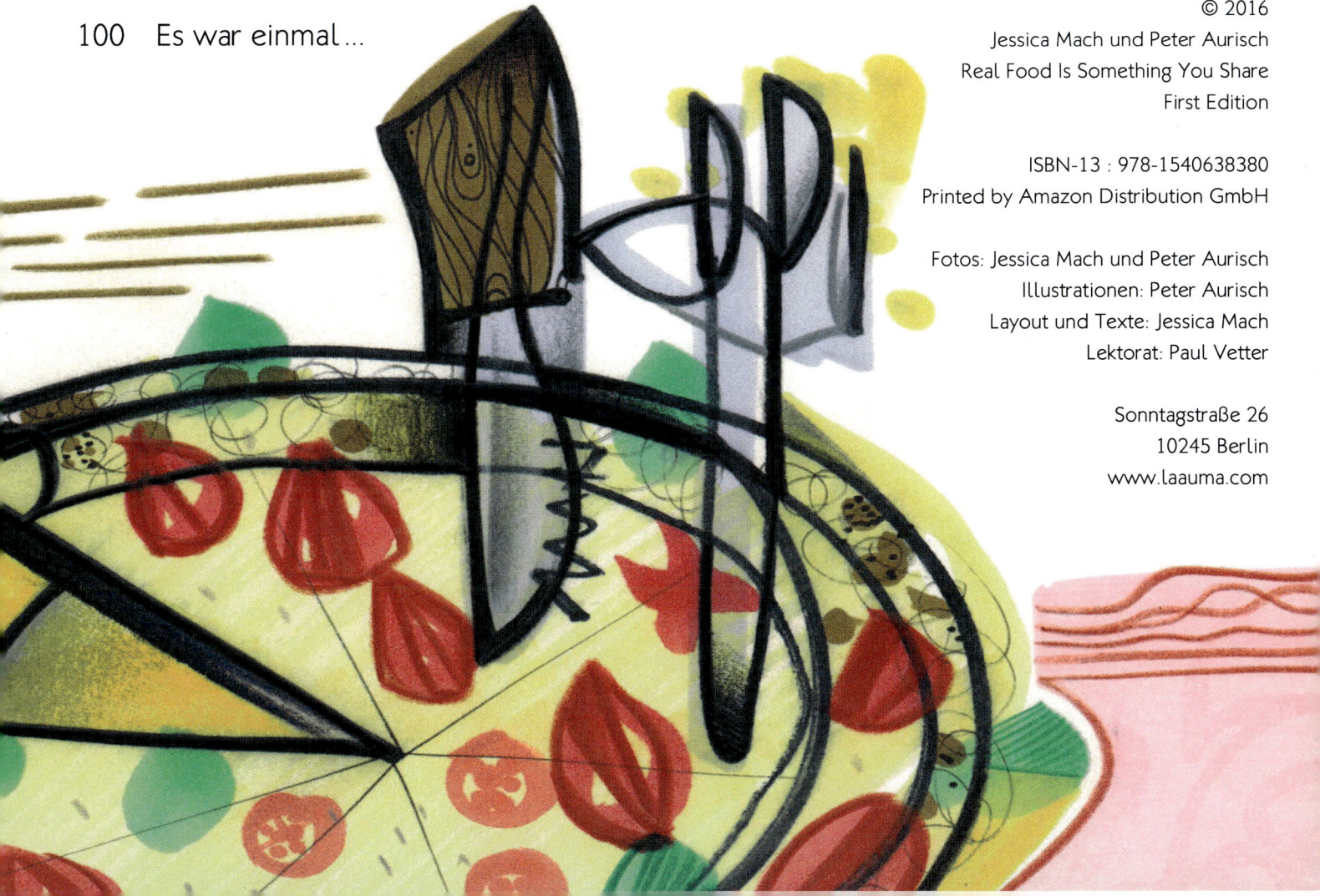

VORWORT

„Ihr müsst echt mal ein Kochbuch machen…"

Mehr müssten wir an dieser Stelle eigentlich gar nicht schreiben. So oder so ähnlich sprachen uns des Öfteren Gäste im Bistro an oder es gab Anfragen per Mail nach Rezepten vom „leckersten Kuchen, den ich je gegessen habe". In der Familie und im Freundeskreis wurden einige der hier enthaltenen Gerichte bereits mehrfach nachgekocht, dafür hatten unsere Lieben meistens nur ein Foto der offenbarten Seite unseres Küchenbuchs – auch verschwörerisch „Das Schwarze Buch" genannt, per Smartphone geschickt bekommen.

Als wir wussten, dass wir uns aus dem Gastrogewimmel wieder zurückziehen würden, war fast klar, dass wir nicht gehen, ohne all die Rezepte für die Nachwelt festzuhalten. Wir starten mit unseren Favoriten aus drei Jahren Laauma in diesem, unserem allerersten Kochbuch.

Wir möchten Euch mit unseren Rezepten eine Basis an die Hand geben. Wenn Ihr die Rezepte probiert habt, fügt hinzu, lasst weg und wandelt ab. Probiert herum und tobt Euch aus, alles ist erlaubt – Viel Spaß!

LAAUMA

 NO

 OK

 OK

PLANTS ONLY

Ein Leitfaden

Zutaten! Alle Zutaten, bis auf wenige Ausnahmen, sind im ganz normalen Supermarkt um die Ecke erhältlich.

Vier Jahreszeiten! Bei Laauma haben wir monatlich unsere Speisekarte geändert, so konnten wir immer saisonale Vielfalt einbringen und auch regionales Angebot berücksichtigen, das freut nicht nur die Umwelt, sondern auch den Geldbeutel.

Fusion! Alle Gerichte sind Eigenkreationen, entstanden aus ganz unterschiedlichen Geschmackserlebnissen. Es verschmelzen Klassiker aus Omas Küche mit hippem Großstadt-Trendfood, traditionelle Gerichte aus aller Welt mit Health-Food und werden zu ganz neuen Kreationen auf dem Teller. Deshalb hat auch jedes unserer Gerichte einen eigenen Namen bekommen, der meistens auf die Inspirationsquelle hinweist.

Plants only! Die Beweggründe für eine vegane Lebensweise wollen wir hier gar nicht aufführen. Wer nicht mit Tomaten auf den Augen durch die Welt läuft, hat die Vorteile für sich selbst und unseren Planeten schon längst erkannt. Unser Freund das Internet hat hier Informationen in Hülle und Fülle, bildet Euch Eure eigene Meinung. Für uns ist die Sache klar, wir beschränken uns im Sinne unseres persönlichen Lebensstils auf rein pflanzliche Zutaten und hoffen auf möglichst viele Nachahmer.

Mikrowelle und Convenience! Wir sind in den 90er Jahren aufgewachsen, kennen uns also hervorragend mit Tiefkühlpizza und Fertigspaghetti-Kits aus und haben auch später noch ab und an eine 5 Minuten Terrine genascht. Was hatten wir alle wenig Zeit und viel Wichtigeres zu tun als zu kochen, da hat auch keiner so wirklich mal das Kleingedruckte auf den bunten Verpackungen gelesen, oder!?
Richtig kochen zu lernen und sich dafür auch Zeit nehmen, ging bei uns einher mit Lebensmittelkunde im weitesten Sinne. In eurer selbstgemachten Mayo ist auch nur das drin ist, was ihr höchstpersönlich reingetan habt. Sie muss nicht dreimal so teuer

wie konventionelle Produkte mit tierischen Inhaltsstoffen sein, nur weil „vegan" drauf steht. Und die Zubereitung geht wirklich super easy und schnell!

Im Bistro haben wir von Anfang an beschlossen, keine Mikrowelle zu nutzen. Das ist natürlich in der Gastronomie eine große Herausforderung und man vermutet eine große Einschränkung beim Angebot der Speisen. Es muss ja immer alles schnell-schnell gehen. Muss es das? Uns hat das eigentlich nur dazu verholfen, noch mehr ganz frisch zuzubereiten, immer auf den Punkt und direkt auf den Teller.

Rohkost! Immer mal Rohkost einbauen, das versorgt den Körper am allerbesten mit allen wichtigen Nährstoffen und bringt eine satte Ladung Energie statt faules Herumliegen nach dem Essen. Außerdem rundet es Gerichte geschmacklich gut ab und birgt unendlich viele Möglichkeiten der Zubereitung, weit ab von bloßer Deko auf dem Teller...

Inspiration statt Imitation! Die leidige Diskussion um Begrifflichkeiten: Schnitzel oder Bratling, Milch oder Drink!? Darf ein Schnitzel aus Sellerie gemacht sein? Ist doch total Wurst! Hauptsache es schmeckt. Genau wie wir, sollt auch Ihr Euch inspirieren lassen. Nutzt die Rezepte in diesem Buch und erweitert oder verändert sie, bringt euern eigenen Stil ein, setzt euch und Eurem Geschmack keine Grenzen! Habt Spaß!

Soulfood! Bei all den „Regeln" für ein gesundes Essen, darf so manches Verlangen trotzdem nicht außen vor bleiben. Jeder braucht mal ein Katerfrühstück, ein Stück Schokoladentorte (oder auch zwei) oder einen überladenen Burger! Tut Euch was Gutes und hört auf Euren Bauch.

18

Plating! Das Anrichten muss nicht immer besonders fancy sein. Wir stehen auf große Portionen: Haufenprinzip und ein bisschen Kleckern. Bringt so ein gewisses Wie-bei-Muttern-Gefühl mit sich. Bei der Optik spielen Farben eine sehr große Rolle für uns. Wir starten die Kreation eines Gerichts sehr oft mit der Farbkomposition. Anschließend suchen wir saisonales Gemüse oder Obst in diesen Farben heraus, kombinieren Texturen und Konsistenzen anderer Zutaten, zaubern ein bisschen und fertig – so ungefähr jedenfalls…

Something you share! Und das Wichtigste ist: Kocht nicht nur für und mit euch allein, sondern auch so oft es geht für und mit Freunden und Familie. Teilt Eure Rezepte, tauscht Euch aus, experimentiert gemeinsam und ja, macht Fotos und verbreitet Real Food auch in der digitalen Welt. Passt aber auf, dass ihr damit keinem auf die Nerven geht :)

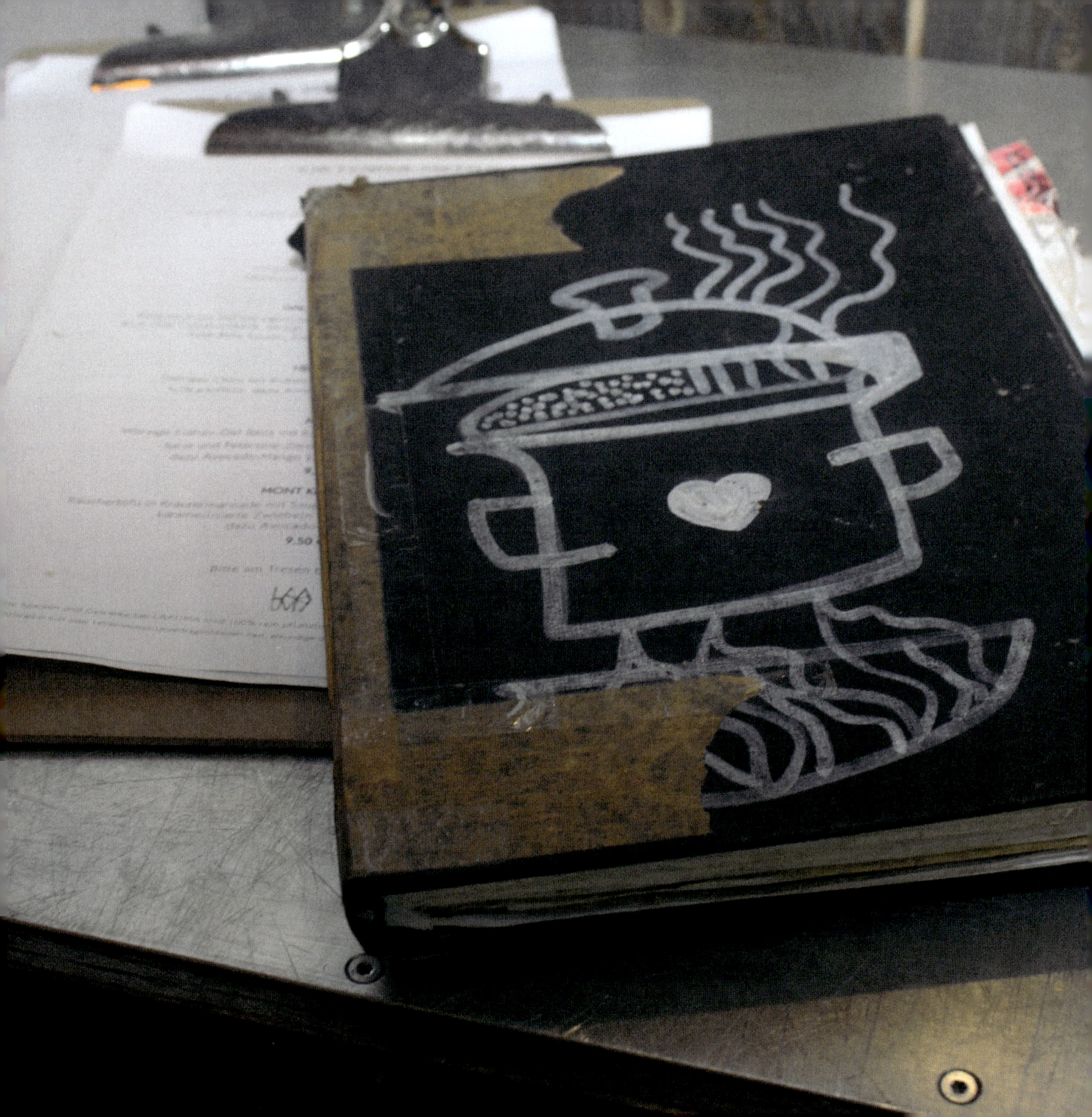

Tipps & Tricks

EINE KLEINE GEBRAUCHSANWEISUNG BEVOR ES LOSGEHT

Ihr solltet alle Rezepte gut durchlesen bevor Ihr einkaufen geht und nochmal bevor Ihr mit dem Kochen loslegt. Es gibt keine Zeitangaben, wie lange Ihr für das ein oder andere Gericht benötigt, jeder in seinem Tempo bitteschön. Manchmal müssen allerdings Einweich- oder Kühlzeiten berücksichtigt werden.

Wir haben bewusst auf Portionsangaben verzichtet, die Rezepte der Hauptgerichte sind aber jeweils Pi mal Daumen für 2–4 Portionen gedacht, je nachdem wie der Hunger eben zuschlägt. Wer weiß das schon und warum sollte man da Portionsgrößen vorschreiben? Sollte mal etwas übrig bleiben, könnt Ihr fast alle Gerichte noch am nächsten und übernächsten Tag genießen, manchen verleiht das sogar noch einen besseren Geschmack.

Ebenso gibt es keine genauen Angaben bei den einen oder anderen Gewürzen. Und niemals bei Salz, denn da scheiden sich wirklich die Geister und jeder sollte da nach eigenem Gusto dosieren.

Ob für Hochstapler oder Kindermünder, beim Burgerbauen möchten wir ebenso keine strikte Anweisung geben und Euch dazu anregen, so zu belegen wie Ihr es lecker findet.

Geräte: Sicher ist es immer praktisch diverse Profi-Küchengeräte im Haus zu haben. Ihr braucht aber für unsere Rezepte keine teuren Spezialgeräte. Wir haben darum auch immer versucht, mehrere Möglichkeiten für verschiedene Arbeitsschritte zu nennen. Meistens habt Ihr eines der dafür benötigten Geräte im Haus.

EI CARAMBA!

KICHERERBSEN-NUDELSALAT MIT KURKUMA UND KALA NAMAK

1 DOSE KICHERERBSEN (400 G)
400 G DINKEL SPIRALNUDELN
MANDELMAYO (SEITE 24)
KURKUMA
KALA NAMAK SALZ
FRÜHLINGSZWIEBELN
FRISCHE PETERSILIE

Nudeln in Salzwasser kochen, abgießen und abkühlen lassen. In der Zwischenzeit die Mandelmayo (doppelte Menge) zubereiten.
Die Flüssigkeit der Kichererbsen zu 3/4 abgießen, den Rest mit Erbsen und Kurkuma pürieren (Pürierstab oder Mixer, mit den Händen dauert es etwas länger, geht aber auch). Die abgekühlten Nudeln ebenfalls zerkleinern; für den Salat grob schneiden, mit ganz fein gehackten Nudeln eignet sich das Rezept auch super als Brotaufstrich.
Nudeln, Kichererbsen und Mandelmayo gut miteinander vermengen, je nach Belieben mehr oder weniger Mayo hinzugeben. Frühlingszwiebeln und Petersilie fein hacken und untermengen, dann mit Kala Namak und Pfeffer abschmecken.

LINSE LOHAN

LINSENRISOTTO – HEIß VERSPEISEN ODER ALS AUFSTRICH AUFBEWAHREN

200 G BERGLINSEN   WEIßWEIN
2 CHAMPIGNONS   PFLANZENMARGARINE
1 ZWIEBEL   FRISCHE PETERSILIE
1 KNOBLAUCHZEHE   SALZ & PFEFFER
1 EL MANDELMUS
1 TL ZUCKERRÜBENSIRUP

Linsen bissfest kochen. Zwiebel fein hacken und in einer Pfanne in Planzenmargarine anschwitzen. Champignons in kleine Würfel schneiden, in die Pfanne geben und ebenfalls kurz anbraten. Alles mit Weißwein ablöschen.

Gekochte Linsen abgießen und zu Zwiebel und Champignons in die Pfanne geben. Mandelmus, gehackte Knoblauchzehe und Zuckerrübensirup einrühren, das Ganze 1–2 Minuten auf niedriger Stufe unter ständigem Rühren emulgieren lassen. Nach Belieben noch etwas Pflanzenmargarine hinzugeben, um eine möglichst cremige Konsistenz zu erreichen. Mit Salz und Pfeffer abschmecken. Petersilie fein hacken und untermischen.

MANDELMAYO & ERDNUSSMAYO

DIE NUSSIGE VARIANTE DES KLASSIKERS

2 EL MANDEL- ODER ERDNUSSMUS

40 ML SONNENBLUMENÖL
50 ML SOJADRINK
3 EL SENF
1 EL APFELESSIG
AGAVENSIRUP
KALA NAMAK SALZ
PFEFFER

Alle Zutaten in einen Mixer geben und mixen bis alles gut verbunden ist – fertig!

Bei der Erdnussvariante macht sich eine halbe frische Chilischote und ein Schuss Sojasauce dazu noch sehr gut. Besonders für asiatisch angehauchte Gerichte, wie zum Beispiel den Mister Miyagi Burger auf Seite 60!

Für ein kleines Brunchbuffet oder eine Grillparty sind diese vier immer ein besonderes Highlight!

CHILI SAUCE

ZUM VERFEINERN – NICHT NUR AUF EINEM BURGER

8 FRISCHE ROTE CHILISCHOTEN
1 KLEINE KNOBLAUCHZEHE
100 ML OLIVENÖL
ETWAS AGAVENSIRUP
SALZ

Chilischoten, Knoblauchzehe und Olivenöl pürieren, mit Agavensirup und Salz abschmecken.

FAUXMAGE

ALS BROTAUFSTRICH, SAUCE, DIP...

150 G CASHEWS
1 KLEINE KNOBLAUCHZEHE
3 EL HEFEFLOCKEN
1/2 UNBEHANDELTE ZITRONE
WASSER
SALZ

Cashews für 30 Minuten in Wasser einweichen, dann abgießen. Mit Knoblauch, Hefeflocken und Zitronensaft mixen. Je nach gewünschter Konsistenz bzw abhängig vom Verwendungszweck, mehr oder weniger Wasser hinzugeben bis die gewünschte Konsistenz erreicht ist. Mit Salz abschmecken.

DON QUICHE OTT

DEFTIGE QUICHE MIT SAUERKRAUT UND RÄUCHERTOFU

400 G DINKELMEHL
2 TL BACKPULVER
250 G PFLANZENMARGARINE
1 EL ROHRORZUCKER
50 ML WASSER
1 TL SALZ

800 G SAUERKRAUT
175 G RÄUCHERTOFU
1 GROSSE ROTE ZWIEBEL
SOJASAUCE
1 KNOBLAUCHZEHE

500 ML SOJASAHNE
40 G SPEISESTÄRKE
3 TL SENF
KALA NAMAK SALZ
SCHWARZER PFEFFER
3–4 KLEINE TOMATEN

Für den Mürbeteig Mehl, Backpulver, Salz, Margarine (Zimmertemperatur), Zucker und Wasser mit den Händen verkneten. Teig in Frischhaltefolie einwickeln und 30 Minuten in den Kühlschrank legen.

Backofen vorheizen auf 180 Grad. Springform oder Quicheform mit Backpapier auslegen. Mürbeteig rund ausrollen und in die Form drücken, dabei einen Rand (ca. zwei Finger hoch) formen. Mit einer Gabel einige Male in den Teig stechen.

Zwiebel und Knoblauch fein hacken und in einer Pfanne mit etwas Öl anschwitzen. Räuchertofu in kleine Würfel schneiden und zur Zwiebel in die Pfanne geben. Kurz anbraten und mit Sojasauce ablöschen.

Sauerkraut etwas abtropfen, dann mit dem Tofu und der Zwiebel in einer großen Schüssel vermengen.

Sojasahne mit Senf, Kala Namak und Pfeffer gut würzen, dann in einem Topf zum Kochen bringen. Stärke mit wenig Wasser anrühren, zur Sahne hinzugeben und unter Rühren eine Minute aufkochen lassen.

Sahne mit der Sauerkrautmasse gut vermischen und anschließend auf dem Mürbeteigboden verteilen. Tomaten in Scheiben schneiden und obenauf legen. 30–40 Minuten backen, abkühlen lassen und noch warm servieren.

Quiche ist ein super Gericht, um den Kühlschrank „aufzuräumen", Ihr könnt nahezu alles in einer leckeren Eigenkreation verbasteln! Statt Sojasahne könnt ihr zum Beispiel auch Hafer-, Reissahne oder Kokosmilch verwenden!

ITALIAN HABIBI

ORIENTALISCHES BRUSCHETTA MIT KICHERERBSEN, TOMATEN UND KORIANDER
DAZU RAUCHIGES TOMATENSÜPPCHEN

1 FRISCHES BAGUETTE

1 KNOBLAUCHZEHE
3 EL OLIVENÖL

1 DOSE KICHERERBSEN (400 G)
1 GROSSE TOMATE
3 GETROCKNETE TOMATEN
FRISCHER KORIANDER
3 EL OLIVENÖL
1/2 UNBEHANDELTE ZITRONE
1 EL KUMIN, GEMAHLEN
1 TL AGAVENSIRUP
SALZ & GROBER PFEFFER

1 DOSE PASSIERTE TOMATEN
(400 G)
1 KLEINE ZWIEBEL
1 KLEINE KNOBLAUCHZEHE
100 ML WASSER
1 TL ROHRROHRZUCKER
2 TL WEISSWEIN
DÄNISCHES RAUCHSALZ
PFEFFER

Baguette in Scheiben schneiden. Für das Knoblauchöl den Knoblauch pressen und mit dem Olivenöl vermischen.

Für die Suppe die Zwiebel und den Knoblauch fein schneiden und in einem Topf in heißem Öl anschwitzen. Passierte Tomaten, Wasser, Zucker, Weißwein dazu, dann vorsichtig das Rauchsalz hinzugeben bis der gewünschte rauchige Geschmack erreicht ist und mit Pfeffer abschmecken. 10–15 Minuten köcheln lassen.

Für den Kichererbsensalat die Kichererbsen abtropfen lassen und in eine Schüssel geben. Mit den Händen grob zerdrücken. Frische und getrocknete Tomaten fein würfeln, Koriander fein hacken und zu den Kichererbsen geben. Olivenöl, Zitronensaft, Kumin und Agavensirup dazu geben und vermischen. Mit Salz und Pfeffer abschmecken. Baguettescheiben in einer großen Pfanne kurz anrösten, dann mit Knoblauchöl

bestreichen und den Kichererbsensalat darauf verteilen. Die Suppe schmeckt am besten dazu in kleinen Schlucken aus einem Glas zwischen den Brothappen.

Dänisches Rauchsalz ist nicht in jedem Supermarkt zu bekommen. Für mehr Abwechslung in der Küche, lohnt es sich aber sehr, es online zu bestellen!

RAINBOW WARRIOR

POWER-SUPPE MIT BUNTEM GEMÜSE UND VIELEN VITAMINEN

1/2 KNOLLE SELLERIE
3 MÖHREN
1 STANGE LAUCH
1 ZWIEBEL
2 TOMATEN
2 CHAMPIGNONS
1 KNOBLAUCHZEHE
1 BUND FRISCHE PETERSILIE
WASSER
1 LORBEERBLATT
PIMENT
PFEFFERKÖRNER, SCHWARZ
SALZ

BROKKOLI
STANGENSELLERIE
MÖHREN
ROTKOHL
TOMATEN
CHAMPIGNONS

ZITRONENSCHALE
INGWER

Für die Gemüsebrühe das Gemüse waschen und grob schneiden. Zwiebeln in einem großen Topf in heißem Öl goldbraun anbraten, dann restliches Gemüse hinzugeben und 5 Minuten lang Farbe bekommen lassen. Dann Wasser dazu gießen bis das Gemüse bedeckt ist, Gewürze hinzu und für 1 Stunde köcheln lassen, anschließend durch ein feines Sieb gießen.

Je nach Belieben Brokkoli, Stangensellerie, Möhren, Rotkohl, Tomaten und Champignons mundgerecht schneiden. Zusammen mit der Brühe 3–4 Minuten aufkochen lassen, so dass das Gemüse noch bissfest ist. In einer Schüssel servieren. Und nicht vergessen: Zitronenschale und Ingwer darüber reiben.

Es geht nichts über eine hausgemachte Gemüsebrühe! Nicht nur zur Erkältungszeit, sondern auch für die Würze in vielen Gerichten ein echter Freund!

34

AFRICAN QUEEN STEW

DEFTIGER CHILI-LINSENEINTOPF MIT EXOTISCHER KOKOSNOTE

300 G ROTE LINSEN
1 ZWIEBEL
2 KNOBLAUCHZEHEN
1 CHILISCHOTE
5 KARTOFFELN
1 SÜßKARTOFFEL
500 ML WASSER
500 ML KOKOSMILCH
2 EL TOMATENMARK
SONNENBLUMENÖL
CURRYPULVER
CAYENNEPFEFFER
KUMIN
SALZ

Zwiebel fein hacken und in einem großen Topf mit etwas Öl anschwitzen. Currypulver, Cayennepfeffer, Kumin und Tomatenmark hinzugeben und kurz anrösten. Dann mit der Kokosmilch ablöschen und das Wasser dazugeben.

Kartoffeln und Süßkartoffel schälen und in Würfel schneiden. Knoblauch und Chilischote hacken.

Kartoffeln, Knoblauch, Chilischote und Linsen ebenfalls in den Topf geben, die Süßkartoffel erst fünf Minuten später hinzugeben, da sie eine kürzere Garzeit hat.

Auf kleiner Flamme köcheln lassen und währenddessen immer wieder umrühren. Gegebenenfalls mehr Wasser hinzugeben. Sind die Kartoffeln und die Linsen gar, ist der Eintopf fertig!

Probiert unbedingt auch den passenden Burger zu diesem Rezept, zu finden auf Seite 66!

HEARTBEET CHILI

DEFTIGES CHILI MIT ROTER BETE, KICHERERBSEN UND SÜßKARTOFFELN
DAZU FRUCHTIGE AVOCADO-MANGO GUACAMOLE

1 DOSE KIDNEYBOHNEN (410 G)
1 DOSE KICHERERBSEN (400 G)
1 DOSE MAIS (340 G)
2 KNOLLEN ROTE BETE
1 KLEINE SÜßKARTOFFEL
1 ROTE ZWIEBEL
1 KNOBLAUCHZEHE
1–2 FRISCHE CHILISCHOTEN
2 DOSEN GEHACKTE TOMATEN
(400 G)
3EL TOMATENMARK
SOJASAUCE
APFELESSIG
KREUZKÜMMEL
CURRYPULVER
BOHNENKRAUT
PAPRIKAPULVER
ZIMT
10G ZARTBITTERSCHOKOLADE
PFEFFER & SALZ
WASSER
ÖL

1 REIFE AVOCADO
1/2 REIFE MANGO
1 KLEINE ROTE ZWIEBEL
FRISCHER KORIANDER
ETWAS ZITRONENSAFT
SALZ & PFEFFER

Zwiebel und Knoblauch fein hacken. In einem großen Topf in etwas Öl anschwitzen, Tomatenmark dazugeben und kurz anbraten, dann mit Sojasauce ablöschen. Gehackte Tomaten hinein- und Wasser dazugeben. Süßkartoffeln und Rote Bete in kleine Würfel schneiden, mit in den Topf geben und darin weich kochen lassen.

Währenddessen gehackte Chilischoten inklusive Kernen, Apfelessig und alle Gewürze einrühren.
Kidneybohnen, Kichererbsen und Mais abgießen und in den Topf zu den Kartoffeln geben. Je nach dem wie dick das Chili gewünscht wird, eventuell mehr Wasser dazu geben.

Schokolade einfach am Stück unterrühren. Zum Schluss abschmecken und gegebenenfalls nachwürzen.

Für die Guacamole die Avocado und die Mango in kleine Würfel schneiden, Zwiebel und Koriander fein hacken, alles vermengen und mit Zitronensaft, Salz und Pfeffer abschmecken.
Das Chili schmeckt wie alle Eintöpfe am nächsten und am übernächsten Tag noch viel besser, wenn alles schön durchgezogen ist...

Tortillachips oder frisches Brot sind perfekt zum Dippen in die Avocado-Mango Guacamole!

ENDLESS SUMMER

ROHKOSTLASAGNE MIT ZUCCHINI, TOMATEN, BASILIKUMPESTO, CASHEW-FAUXMAGE UND KOKOS-PARMESAN

2 ZUCCHINI
2 FRISCHE TOMATEN
ETWAS OLIVENÖL
SALZ

2 FRISCHE TOMATEN
1 KNOBLAUCHZEHE
100G GETROCKNETE TOMATEN
1 EL ZITRONENSAFT
2 EL OLIVENÖL
1 EL HEFEFLOCKEN
SALZ

FAUXMAGE (SEITE 26)

FRISCHER BASILIKUM
1 KLEINE KNOBLAUCHZEHE
1 TL ZITRONENSAFT
75 ML OLIVENÖL
2 EL SONNENBLUMENKERNE
SALZ

3 EL KOKOSRASPEL
2 EL HEFEFLOCKEN

Die getrockneten Tomaten und die Cashewkerne separat circa eine Stunde in Wasser einweichen.

Die Zucchini mit einem Gemüsehobel oder einem Küchenmesser in dünne, lange Scheiben schneiden, mit etwas Olivenöl bestreichen und leicht salzen. Die Tomaten in dünne Scheiben schneiden und beiseite stellen.

Für die Tomatensauce die getrockneten Tomaten, die frischen Tomaten und die Knoblauchzehe grob schneiden und mit Olivenöl, Zitronensaft und Hefeflocken mit dem Pürierstab gut vermengen, dann mit Salz abschmecken.

Fauxmage nach Rezept zubereiten, dabei etwas mehr Flüssigkeit hinzugeben, um eine saucenartige Konsistenz zu erhalten.

Basilikum waschen und grob hacken. Knoblauch ebenfalls grob hacken und alles mit Zitronensaft, Olivenöl und 2 EL Sonnenblumenkerne mithilfe des Pürierstabs (oder Mixer) zu einem Pesto verarbeiten, ebenfalls mit Salz abschmecken.

Kokosraspel mit Hefeflocken mischen.

Auf den Tellern die Zucchinistreifen auslegen, etwa 3–4 längs nebeneinander. Darauf etwas Tomatensauce verteilen, etwas Pesto darüber geben, dann wieder 3–4 Zucchinischeiben darüber legen. Auf diese Weise in etwa 3–5 Schichten bauen, die letzte mit den Tomatenscheiben belegen. Darauf den Cashew-Fauxmage verteilen und nocheinmal mit ein paar Tropfen Pesto und gehacktem Basilikum abrunden. Je nach Belieben mit Kokos-Parmesan bestreuen.

Ja, davon wird man auch satt! Auch wenn die Lasagne ein leichtes Gericht ist, eignet sie sich hervorragend als vollwertige Mahlzeit!

HIPPIE MEAL

ROHKOSTLASAGNE MIT KOHLRABI, SPINATPESTO, TERIYAKI-CHAMPIGNONS UND CASHEW-FAUXMAGE

1 KOHLRABI
ETWAS OLIVENÖL

5 EL TAMARI
2 EL WASSER
1 EL AGAVENSIRUP
INGWER
150 G CHAMPIGNONS

500 G FRISCHER SPINAT
1 KNOBLAUCHZEHE
100 G SONNENBLUMENKERNE
2 EL HEFEFLOCKEN
3–4 EL OLIVENÖL
SALZ

FAUXMAGE (SEITE 26)

1 UNBEHANDELTE ZITRONE
FRISCHE PETERSILIE
1 KLEINE KNOBLAUCHZEHE

Kohlrabi in dünne Scheiben schneiden oder mithilfe einer Mandoline reiben und mit etwas Olivenöl bestreichen.

Aus Tamari, einem Teelöffel frisch ge-riebenem Ingwer, etwas Wasser und Agavensirup die Marinade anrühren, Champignons vierteln und für mindestens 30 Minuten darin einlegen.

Für das Pesto den Spinat – bis auf eine gute Handvoll – zusammen mit Knoblauch, Sonnenblumenkernen, Hefeflocken und Olivenöl im Mixer pürieren und mit Salz abschmecken.

Bei der Zubereitung der Cashew-Fauxmage darauf achten, für eine flüssigere Variante etwas mehr Wasser zu verwenden.

Zitronenabrieb, gehackte Petersilie und Knoblauch zu einer Gremolata vermischen.

Auf den Tellern mit einer Schicht Kohlrabischeiben beginnen, Pesto darauf verstreichen, frische Spinatblätter und Champignonviertel darüber verteilen, Cashew-Fauxmage on top und wieder mit Kohlrabischeiben bedecken. Auf diese Weise mehrere Schichten aufbauen. Die oberste Schicht nochmals mit Spinatpestso, Spinatblättern und Champignons belegen und mit der Gremolata bestreuen.

Das Spinatpesto eignet sich auch super als Brotaufstrich oder Dip!

BRUCE LEEK

WARMER GLASNUDELSALAT MIT GRÜNEN ERBSEN, ROTER PAPRIKA, LAUCHZWIEBELN,
GEBRATENEN CHAMPIGNONS UND TAMARI-INGWER-LIMETTE DRESSING

300 G GLASNUDELN
200 G ERBSEN TK
1 ROTE PAPRIKASCHOTE
3 LAUCHZWIEBELN

1 KLEINES STÜCK INGWER
TAMARI
1 UNBEHANDELTE LIMETTE

3–5 CHAMPIGNONS
SESAM
SONNENBLUMENÖL

RÖSTZWIEBELN

Erbsen auftauen. Paprika und Lauchzwiebeln in Streifen schneiden und mit den Erbsen in eine große Schüssel geben.

Für das Dressing den Limettensaft, Tamari und geriebenen Ingwer vermischen.

Glasnudeln nach Packungsangabe kochen.

Champignons vierteln und in der Pfanne mit etwas Sonnenblumenöl anbraten, Sesam hinzugeben und kurz anrösten. Champignons zum Gemüse in die Schüssel geben.

Nudeln abgießen und sofort in die große Schüssel zum Gemüse geben. Dressing hineingießen und alles gut miteinander vermengen. Zwei Minuten ziehen lassen.

Mit Sesam und Röstzwiebeln in tiefen Tellern oder Schüsseln servieren.

An frische Erbsen kommt man nicht immer so leicht heran, wer Glück hat, sollte hier natürlich unbedingt die frischen verwenden!

Der Glasnudelsalat lässt sich ganz wunderbar mit der Chilisauce von Seite 26 verfeinern!

SIGNORE CAESAR

ROMANASALAT MIT CHERRYTOMATEN, GEBRATENEN CHAMPIGNONS UND GEBRATENEN SESAM-RÄUCHERTOFU-STREIFEN

2 MINI ROMANA SALATKÖPFE
10 CHERRYTOMATEN
6–8 CHAMPIGNONS

Romana in feine Streifen schneiden, waschen und abtropfen lassen. Mit den Cherrytomaten auf die Teller verteilen und beiseite stellen.

200 ML SOJASAHNE
1 KNOBLAUCHZEHE
1 TL HEFEFLOCKEN
1 EL SENF
1 EL ZITRONENSAFT
SALZ UND PFEFFER

Für das Dressing Sojasahne, fein gehackte Knoblauchzehe, Hefeflocken, Senf und Zitronensaft gut verquirlen. Je nach Wunsch für eine flüssigere Konsistenz noch etwas Wasser hinzugeben, mit Salz und Pfeffer abschmecken.

175 G RÄUCHERTOFU
SONNENBLUMENÖL
SOJASAUCE
3 EL SESAM

Champignons vierteln, Tofu in Streifen schneiden.

In einer Pfanne Sonnenblumenöl erhitzen, Tofu und Champignons anbraten, dann Sesam dazu und alles mit einem guten Schuss Sojasauce (für die glutenfreie Variante Tamari) ablöschen.

Tofu und Pilze über den vorbereiteten Salat geben und Dressing darüber verteilen.

Dazu passt frisches Brot oder selbstgemachte Croutons aus älterem Brot. Dieses einfach in Würfel schneiden und kurz in der Pfanne anbraten.

TARZAN & JANE

REISNUDELN, GRÜNER SPARGEL UND KOKOS-ZITRONEN SAUCE

500 G GRÜNER SPARGEL
OLIVENÖL
ZITRONENSAFT
AGAVENDICKSAFT
PFEFFER UND SALZ

300 G REISNUDELN

500 ML KOKOSMILCH
1 UNBEHANDELTE ZITRONE
1 KNOBLAUCHZEHE
1 EL HEFEFLOCKEN
SALZ UND PFEFFER

GETROCKNETE TOMATEN
FRISCHER KORIANDER
1/2 UNBEHANDELTE ZITRONE
50 G CASHEWKERNE

Backofen auf 180 Grad vorheizen. Den Spargel waschen, auf einem Blech mit Backpapier verteilen und mit einer Marinade aus Olivenöl, Zitronensaft, Agavendicksaft und Salz und Pfeffer bestreichen. 8–10 Minuten auf mittlerer Schiene im Ofen backen.

Für die Kokos-Zitronen Sauce den klein gehackten Knoblauch in etwas Öl anbraten, getrocknete Tomaten hacken und hinzugeben. Die Kokosmilch einrühren und 10 Minuten auf kleiner Stufe einkochen lassen. Den Zitronensaft, die Hefeflocken und etwas Agavendicksaft einrühren, dann mit Salz und Pfeffer abschmecken.

Cashews in einem kleinen Topf anrösten. Koriander hacken, Zitronenschale abreiben.

Reisnudeln laut Packungsangabe kochen. In tiefe Teller geben, Ofen-Spargel darauf legen und mit Sauce übergießen.

Am Schluss mit Gremolata und den Cashews toppen.

Für eine glutenfreie Variante müsst ihr übrigens immer darauf achten, dass die Hefeflocken auf Reis- oder Melassebasis hergestellt sind!

CAULIFORNIA CARROT CARBONARA

MÖHRENPASTA MIT CREMIGER BLUMENKOHL SAUCE UND GEBRATENEN CHAMPIGNONS

6 GROßE MÖHREN
PFLANZENMARGARINE

1 KLEINER BLUMENKOHL
2 KNOBLAUCHZEHEN
GETROCKNETE TOMATEN
250 ML SOJASAHNE
2 EL SENF
4 EL HEFEFLOCKEN
200 ML WASSER
SALZ & PFEFFER

2 EL SESAM
5–6 CHAMPIGNONS
SONNENBLUMENÖL
1 KLEINE KNOBLAUCHZEHE

1 UNBEHANDELTE ZITRONE
FRISCHE PETERSILIE

Für die Carbonara-Sauce Blumenkohl schneiden und in Salzwasser weich garen. Absieben, dann mit gepressten Knoblauchzehen, Sojasahne, Wasser, Senf, Hefeflocken und ordentlich Salz und Pfeffer im Mixer oder mit dem Pürierstab cremig mixen.
Fein gehackte getrocknete Tomaten unterrühren. Die Sauce in einem kleinen Topf erwärmen.

In der Zwischenzeit die Champignons vierteln und mit etwas Knoblauch und Sesam in einer Pfanne mit Sonnenblumenöl anbraten.

Für die Fettucini die Möhren mit dem Sparschäler in breite, dünne Nudeln verwandeln.

Wasser in einem Topf zum Kochen bringen und salzen, die Möhrenpasta für 1–2 Minuten hineingeben, dann abgießen und in etwas Pflanzenmargarine schwenken.

Auf einem Pastateller anrichten, heiße Carbonara-Sauce darüber, mit Champignons garnieren und mit gehackter frischer Petersilie und etwas Zitronenabrieb garnieren.

Wer einen Spiralschneider zu Hause hat, kann natürlich auch Spaghetti aus den Möhren drehen...

BACK TO THE ROOTS

FRISCHE RETTICH FETTUCCINI MIT ROTE BETE BOLOGNESE

1 KLEINER RETTICH

1 ROTE BETE
1 DOSE PASSIERTE TOMATEN
(400 G)
10–12 CHERRYTOMATEN
1 ZWIEBEL
1 KNOBLAUCHZEHE
2 EL TOMATENMARK
ROTWEIN
AGAVENSIRUP
SALZ & PFEFFER
HEFEFLOCKEN

Rettich putzen und mit dem Sparschäler der Länge nach in Fettuccini verwandeln.

Rote Bete klein würfeln, Zwiebeln und Knoblauch fein hacken. In einem Topf die Rote Bete in Öl gut anschwitzen, leicht salzen. Dann die Zwiebeln und den Knoblauch dazugeben, ebenfalls glasig werden lassen. Tomatenmark unterrühren. Mit einem großen Schwapp Rotwein ablöschen und etwas reduzieren lassen. Passierte Tomaten hineingeben, frische Cherrytomaten im Ganzen hinzu, gegebenenfalls etwas Wasser zufügen. Mit etwas Agavensirup, Salz und Pfeffer würzen und auf niedriger Stufe köcheln lassen.

Die Rettich Fettuccini für ein bis zwei Minuten in kochendem Salzwasser garen und in einem Sieb abtropfen lassen.

Nudeln in einen Pastateller geben, heiße Bolognese darüber und mit Hefeflocken bestreut servieren.

Alle Saucen unserer Pastagerichte schmecken natürlich auch wunderbar an „echten" Nudeln!

56

MISTER MIYAGI

BURGER MIT RÄUCHERTOFU IM SESAM-MANTEL, KRAUTSALAT, FRÜHLINGSZWIEBELN, ERDNUSSMAYO UND CHILISAUCE

BURGERBRÖTCHEN

ERDNUSSMAYO (SEITE 26)
CHILISAUCE (SEITE 26)

1/4 ROTKOHL
1/4 WEIßKOHL
1 BUND FRISCHER KORIANDER
1 UNBEHANDELTE ZITRONE
SALZ UND PFEFFER

200 G RÄUCHERTOFU
4 EL DINKELMEHL
SOJASAUCE
WASSER
CAYENNEPFEFFER

3 EL SESAM, HELL
3 EL SESAM, SCHWARZ

FRÜHLINGSZWIEBELN

Erdnussmayo und Chilisauce laut Rezept zubereiten und beiseite stellen. Backofen vorheizen, um später die Brötchen zu erwärmen.

Für den Coleslaw den Rotkohl und Weißkohl fein schneiden oder hobeln, Koriander hacken, alles mischen und mit Zitronensaft, Salz und Pfeffer abschmecken.

Frühlingszwiebeln in Ringe schneiden.

Burgerbrötchen im Backofen erwärmen.

Räuchertofu in Scheiben schneiden. Aus Dinkelmehl, Sojasauce, etwas Wasser und Cayennepfeffer eine gut haftende Panade herstellen, Tofuscheiben eintauchen und direkt im Mix aus hellem und dunklem Sesam wälzen. In heißem Öl (ca. zwei Finger hoch in einem kleinen Topf) frittieren, kurz auf Küchenpapier oder einem Sieb abtropfen lassen.

Eine Burgerbrötchenhälfte dick mit Erdnussmayo bestreichen, darauf den Coleslaw verteilen, frittierte Tofuscheiben auflegen. Mit Frühlingszwiebelringen belegen – Chilisauce nicht vergessen – und dann mit dem ebenfalls mit Erdnussmayo bestrichenen Deckel zuklappen...

Der Coleslaw ist eine wunderbare Beilage zu fast allen Burgern, es müssen nicht immer Pommes sein;)

ROOT BOY

BURGER MIT KARTOFFEL-MÖHRE RÖSTI, ROTE BETE SALAT, SESAMTOFU UND SENF-DILL SAUCE

BURGERBRÖTCHEN

1 ROTE BETE
ZITRONENSAFT
SALZ & PFEFFER

1 KNOBLAUCHZEHE
200 ML SOJASAHNE
1 TL SOJASAUCE
1 TL SENF
1/2 TL KURKUMA
1/2 TL CURRYPULVER
SALZ UND PFEFFER
FRISCHER DILL
1 UNBEHANDELTE ZITRONE

4 DICKE KARTOFFELN
1 GROßE MÖHRE
MUSKATNUSS
KÜMMEL
SALZ UND PFEFFER

300 G RÄUCHERTOFU
4 EL SESAM
DINKELMEHL
SOJASAUCE
WASSER

1/2 KLEINE SALATGURKE
50 G PFLANZLICHER SAUERRAHM

Für den Rote Bete Salat die Bete grob raspeln, mit Zitronensaft, Salz und Pfeffer anmachen.

Für die Senf-Dill Sauce Knoblauchzehen fein hacken und in Öl in der Pfanne anschwitzen. Sojasahne dazugeben und kurz aufkochen lassen. Sojasauce und Senf auf niedriger Stufe einrühren, Kurkuma und Curry dazu geben. Vom Herd nehmen, mit Salz und Pfeffer abschmecken und gehackten frischen Dill so wie den Saft einer viertel Zitrone unterrühren. Warmhalten – die Sauce wird heiß auf dem Burger serviert!

Den Backofen vorheizen um später die Brötchen zu erwärmen.

Für die Röstis die Kartoffeln und Möhren sehr fein raspeln, mit Muskat, Kümmel, Salz und Pfeffer abschmecken, dann gut durchkneten. In heißem Sonnenblumenöl in der Pfanne ausbacken.

Aus Dinkelmehl, Sojasauce und etwas Wasser eine gut haftende Panade herstellen, Tofuscheiben in Sesam wälzen, dann in heißem Öl (ca. zwei Finger hoch in einem kleinen Topf) frittieren und kurz auf Küchenpapier oder einem Sieb abtropfen lassen.

Burgerbrötchen im vorgeheizten Backofen erwärmen.

Salatgurke in Scheiben schneiden.

Untere Burgerbrötchenhälfte mit Senf-Dill Sauce bedecken, Rösti darauf, Rote Bete Salat und den frittierten Sesamtofu platzieren, darüber zwei dicke Teelöffel Sauerrahm geben und bevor der Deckel aufgelegt wird nochmals mit viel Senf-Dill Sauce übergießen.

Statt Sauerrahm aus dem Supermarkt könnt ihr euch auch etwas Cashew-Fauxmage zubereiten, Rezept auf Seite 26!

MISTER BEAN

BURGER MIT BOHNEN-HAFER BÄLLCHEN, ROTWEIN-TOMATE CHUTNEY, GREMOLATA UND MANDELMAYO

BURGERBRÖTCHEN
MANDELMAYO (SEITE 26)

1 DOSE KIDNEYBOHNEN (410 G)
250 G HAFERFLOCKEN, ZART
1 EL SPEISESTÄRKE
10 KAPERN
2 TL SENF
1/4 UNBEHANDELTE ZITRONE
MAJORAN
KÜMMEL
THYMIAN
ROSMARIN
MUSKAT
SALZ & PFEFFER
SONNENBLUMENÖL

1 ROTE ZWIEBEL
1 KNOBLAUCHZEHE
2 EL TOMATENMARK
1 DOSE GEHACKTE TOMATEN
(400 G)
100 ML ROTWEIN
ZIMT
AGAVENSIRUP
SALZ & PFEFFER

FRISCHE PETERSILIE
1/2 UNBEHANDELTE ZITRONE
1 KLEINE KNOBLAUCHZEHE

Mandelmayo laut Rezept auf Seite 26 zubereiten.

In einer Schüssel Haferflocken, Stärke, Kidneybohnen samt Flüssigkeit, gehackte Kapern, Senf und alle Gewürze miteinander vermischen. Mit den Händen alles gut verkneten und dabei die Bohnen zerdrücken. 10 Minuten stehen lassen. Die Masse zu Bällchen formen, jeweils etwas kleiner als ein Tischtennisball.

Für das Rotwein-Tomate Chutney Zwiebel und Knoblauch hacken und in einem kleinen Topf in Sonnenblumenöl anschwitzen. Tomatenmark hinzugeben und mit dem Rotwein ablöschen. Gehackte Tomaten dazugeben, mit Zimt, einem Spritzer Zitronensaft, Salz und Pfeffer abschmecken und köcheln lassen bis eine dickflüssige Sauce entstanden ist. Die Sauce heiß auf dem Burger servieren!

Den Backofen vorheizen, um später die Brötchen zu erwärmen.
Frische Petersilie und die Knoblauchzehe klein hacken, Zitronenschale abreiben und zu einer Gremolata vermischen.

Burgerbrötchen im vorgeheizten Backofen erwärmen.

Die Bohnen-Hafer Bällchen in einem kleinen Topf in heißem Öl (ca. zwei Finger hoch) frittieren und kurz auf Küchenpapier oder einem Sieb abtropfen lassen.

Die untere Burgerhälfte mit Mandelmayo bestreichen, 3–4 Bällchen darauf legen, mit Sauce bedecken und mit viel Gremolata bestreuen. Den Deckel mit Mandelmayo auflegen und reinbeißen!

Statt Burgerbrötchen passt hier auch ganz wunderbar frisches Baguette!

AFRICAN QUEEN

BURGER MIT FALAFEL-PATTY AUF LINSEN-STEW MIT SÜßKARTOFFELN UND KICHERERBSEN, FRISCHER MINZE UND ERDNUSSMAYO

BURGERBRÖTCHEN

AFRICAN QUEEN STEW (SEITE 36)

ERDNUSSMAYO (SEITE 26)

1 DOSE KICHERERBSEN (400 G)
250 G HAFERFLOCKEN, ZART
1 EL SPEISESTÄRKE
1 EL SENF
ZITRONENSAFT
FRISCHER KORIANDER
KREUZKÜMMEL
AGAVENSIRUP
SALZ & PFEFFER

FRISCHE MINZE
1 FRISCHE ROTE CHILISCHOTE

African Queen Stew laut Rezept (Seite 36) zubereiten. Für den Burger ist es umso besser, je dicker und weniger flüssig der Eintopf wird. Dieser wird heiß auf dem Burger serviert.

Während der Eintopf kocht, die Erdnussmayo laut Rezept (Seite 26) herstellen.

Den Backofen vorheizen, um später die Brötchen zu erwärmen.

Für die Patties in einer Schüssel Haferflocken, Stärke, Kichererbsen samt Flüssigkeit, gehackten Koriander, Senf, ein paar Spritzer Zitronensaft, etwas Agavensirup sowie alle Gewürze miteinander vermischen. Mit den Händen alles gut verkneten und dabei die Kichererbsen zerdrücken. 10 Minuten stehen lassen. Patties formen, etwas kleiner als die Burgerbrötchenhälfte und etwa daumendick. In heißem Öl in der Pfanne braten und kurz auf Küchenpapier oder einem Sieb abtropfen lassen.

Burgerbrötchen im vorgeheizten Backofen erwärmen.

Die frische Minze grob hacken, Chilischote in feine Scheiben schneiden.

Untere Brötchenhälfte mit Erdnussmayo bestreichen, Falafel-Patty auflegen, ein paar dicke Esslöffel Stew darauf und mit frischer Minze, Chilischeibchen und mehr Erdnussmayo toppen. Deckel drauf und fertig!

Statt Burgerbrötchen könnt ihr auch super normale Brötchen verwenden. Einfach halbieren und etwas aushöhlen!

U.F.O

BURGER MIT SELLERIESCHNITZEL, ROMANESCO-RÖSCHEN, KIMCHI UND FRÜHLINGSZWIEBELN

BURGERBRÖTCHEN

1/2 KLEINER ROTKOHL
1/2 KLEINER WEIßKOHL
1 KLEINE MÖHRE
1 KLEINER APFEL
SALZ
CAYENNEPFEFFER

MANDELMAYO (SEITE 26)

1 KLEINE KNOLLE SELLERIE
4 EL DINKELMEHL
2 EL SPEISESTÄRKE
SALZ
WASSER
SEMMELBRÖSEL
SONNENBLUMENÖL

1 KLEINER KOPF ROMANESCO
2 FRÜHLINGSZWIEBELN

Achtung, das Kimchi muss ein paar Tage vorher angesetzt werden! Dafür Kraut, Karotte und Apfel reiben und Zwiebel in feine Ringe schneiden. Gut salzen und etwas Cayennepfeffer dazugeben. Dann alles gut mit den Händen vermischen und massieren, so dass das Zellwasser austritt. 10 Minuten stehen lassen, dann in ein ausgekochtes sauberes Schraubglas füllen und festdrücken, so dass keine Luftbläschen bleiben. Den Strunk des Krautes oder ein Stück Möhre auflegen, so dass sich der Deckel nur mit etwas Druck zuschrauben lässt. Bei Zimmertemperatur stehen lassen und einmal täglich öffnen und wieder schliessen. Wenn der gewünschte Geschmack erreicht ist (am besten nach 3–4 Tagen), ist es Zeit für den Burger!

Backofen vorheizen, um später die Brötchen zu erwärmen.
Mandelmayo (Seite 26) zubereiten.

Vom Romanesco-Kopf ein paar Röschen abschneiden. Von der Sellerieknolle ca. 1 cm dicke Scheiben abschneiden, in einem Topf zusammen mit den Romanesco-Röschen mit gesalzenem Wasser ein paar Minuten bissfest garen, abtropfen lassen und abschrecken nicht vergessen. Romanesco-Röschen in der Pfanne in etwas Planzenmargarine schwenken. Die Burger Brötchen im Backofen erwärmen.

Mit Dinkelmehl, Stärke und Wasser eine Panade anrühren. Sellerieschieben darin eintauchen, so dass der Teig die Scheiben bedeckt, in Semmelbrösel wälzen und in einem kleinen Topf im heißen Öl goldbraun frittieren.

Mandelmayo auf der unteren Brötchenhälfte verteilen, Kimchi, Sellerieschnitzel, mehr Kimchi, Romanesco-Röschen und Frühlingszwiebeln übereinander stapeln. Nochmal Mayo darüber und Deckel drauf!

Keine Zeit Kimchi anzusetzen? Probiert das U.F.O mal mit dem Rote Bete Salat vom Root Boy Burger auf Seite 62...

ROGER RABBIT

HOT DOGS MIT WÜRZIGER KAROTTE,
DAZU SAUERKRAUT, MANDEL-GURKE RELISH UND RÖSTZWIEBELN ODER
MANGO GUACAMOLE MIT CHILISAUCE UND TOMATEN

HOT DOG BRÖTCHEN
4 MÖHREN

MANDELMAYO (SEITE 26)

3 GROSSE SAURE GURKEN
1 KLEINE ZWIEBEL
1 EL SENF

1/2 TL DÄNISCHES RAUCHSALZ
1/4 TL CAYENNE PFEFFER
1 1/2 EL ZUCKERRÜBENSIRUP
2 EL SOJASAUCE
1 EL OLIVENÖL

1 DOSE SAUERKRAUT
RÖSTZWIEBELN

1 REIFE AVOCADO
1/2 REIFE MANGO
1 KLEINE ROTE ZWIEBEL
FRISCHER KORIANDER
ETWAS ZITRONENSAFT

CHILISAUCE (SEITE 26)

3–4 GETROCKNETE TOMATEN

Möhren geputzt und ganz in Salzwasser bissfest kochen. Marinade aus Rauchsalz, Cayenne Pfeffer, Zuckerrübensirup, Sojasauce und Olivenöl anrühren. Die Möhren damit komplett bestreichen und in einer geschlossenen Box für mehrere Stunden, am besten über Nacht stehen lassen.

Mandelmayo laut Rezept zubereiten. Für das Relish saure Gurken und Zwiebeln fein würfeln, Mandelmayo dazu bis gewünschte Konsistenz erreicht ist, mit Senf und etwas Gurkenwasser abschmecken.

Für die zweite Variante nun die Avocado-Mango Guacamole nach dem Rezept von Seite 38 und die Chili Sauce nach dem Rezept von Seite 26 zubereiten.

Die Hot Dog Brötchen im Backofen erwärmen. Die marinierten Möhren in der Pfanne mit etwas Öl kurz anbraten.

Für Variante Eins zuerst das Sauerkraut ins Brötchen, dann die heiße Möhre, darauf das Mandel-Gurke Relish und obenauf Röstzwiebeln.

Für Variante Zwei etwas Guacamole ins Brötchen, dann die heiße Möhre und mehr Guacamole. Mit gehackten getrockneten Tomaten und Chilisauce toppen!

Die Karotten Wiener sind auch für den Grill geeignet, Hot Carrot Dogs vom Grill sind auf jeder Gartenparty der Renner!

MONT KLAMOTT

RÄUCHERTOFU IN KRÄUTERMARINADE MIT SAUERKRAUT, RÖSTIS, MANGO-CURRYSAUCE UND GURKE-AVOCADO SALAT

1 AVOCADO
1 SALATGURKE
1 BUND FRISCHER DILL
ZITRONENSAFT
SALZ & PFEFFER

300 G RÄUCHERTOFU
LIEBSTÖCKEL
MAJORAN
THYMIAN
KORIANDER, GETROCKNET
MUSKAT
SALZ & PFEFFER
OLIVENÖL

1 KNOBLAUCHZEHE
1 ZWIEBEL
1/2 MANGO
1 TUBE TOMATENMARK
400 ML WASSER
CHILIPULVER
CURRYPULVER
SALZ & PFEFFER
1 ROTE ZWIEBEL
ROHROHRZUCKER
250 G SAUERKRAUT

6 GROßE KARTOFFELN
2 MÖHREN
1 EL SPEISESTÄRKE
MUSKAT
KÜMMEL
SALZ & PFEFFER
SONNENBLUMENÖL

Für den Salat die Avocado würfeln, Salatgurke reiben und Dill hacken. Mit etwas Zitronensaft und Salz und Pfeffer anmachen.

Tofu in Würfel schneiden. Eine Marinade aus Liebstöckel, Majoran, Thymian, Koriander, Ingwer, Muskat, Salz, Pfeffer und Olivenöl anrühren. Tofuwürfel damit gut einmassieren.

Zwiebel und Knoblauch sehr fein würfeln, in einem kleinen Topf mit Sonnenblumenöl anschwitzen. Tomatenmark dazugeben und kurz anbraten. Dann Tomatenmark und Wasser dazugeben und mit Currypulver, Chilipulver, Salz und Pfeffer würzen – mit Apfelessig abschmecken. Auf kleiner Stufe köcheln und derweil die Mango in kleine Würfel schneiden. Sauce vom Herd nehmen und Mangostückchen in die Sauce einrühren.

Für die Röstis die Kartoffeln und Möhren fein raspeln, mit der Speisestärke, Muskat, Kümmel, Salz und Pfeffer abschmecken, dann gut durchkneten. In heißem Sonnenblumenöl in der Pfanne ausbacken.

Rote Zwiebel in Ringe schneiden, in einer Pfanne mit etwas Öl anbraten bis sie glasig sind und mit einer Prise Zucker karamellisieren.

Marinierte Tofuwürfel in der Pfanne anbraten.

Auf die Teller je zwei Röstis legen, Mango-Curry Sauce darauf geben, mit gebratenen Tofuwürfeln, Sauerkraut und mehr Sauce belegen. Mit Rösti zudecken und Zwiebeln obenauf legen. Mit dem Avocado-Gurke Salat servieren.

Mont Klamott – aufm Dach von Berlin... Sehr inspirierender Song beim Kreieren neuer Gerichte...

KLASSE PETER!

KNUSPRIGE SELLERIESCHNITZEL AN LAUWARMEM KARTOFFELSALAT

1 KG KLEINE KARTOFFELN
200 G CHERRYTOMATEN
150 G CHAMPIGNONS
1/2 BUND FRISCHE PETERSILIE
3 FRÜHLINGSZWIEBELN
1 KNOBLAUCHZEHE
APFELESSIG
OLIVENÖL
SALZ & PFEFFER

1 KNOLLE SELLERIE
6 EL DINKELMEHL
3 EL SPEISESTÄRKE
SEMMELBRÖSEL
WASSER
SALZ

Sellerie in fingerdicke Scheiben schneiden. In kochendem Salzwasser kurz bissfest garen.

Die kleinen Kartoffeln mit Schale kochen, danach halbieren. Champignons in Scheiben schneiden, Tomaten vierteln, Frühlingszwiebeln, Knoblauchzehe und Peterslie hacken. Alles mit den gekochten, noch warmen Kartoffeln mischen und mit Apfelessig, reichlich Olivenöl und Salz und Pfeffer anmachen.

Aus Dinkelmehl, Stärke, Salz und Wasser einen dickflüssigen Teig anrühren. Die Selleriehälften eintauchen und gleich darauf in den Semmelbröseln wälzen. Im heißen Fett in der Pfanne goldbraun frittieren.

Die Sellerieschnitzel neben dem Kartoffelsalat auf den Tellern platzieren, mit Salz bestreuen und mit einer Scheibe Zitrone servieren.

Glutenfreie Panade gelingt wunderbar mit Kichererbsenmehl, für etwas Knusper könnt Ihr statt Semmelbrösel zerdrückte Cornflakes verwenden...

BERLIN BACHELOR

CRASHED POTATOES, TOFU IM BIERTEIG, BETE-BOHNEN BULETTEN MIT CURRYSAUCE, DAZU SAUERKRAUT UND GURKENSALAT MIT GERÖSTETEN HANFSAMEN

6 GROßE KARTOFFELN
1 ROTE BETE

1 SALATGURKE
1 BUND FRISCHER DILL
APFELESSIG
OLIVENÖL
SALZ & PFEFFER

1 DOSE PASSIERTE TOMATEN
(400 G)
1 KNOBLAUCHZEHE
1 ZWIEBEL
50 ML WASSER
2 EL APFELMUS
2 TL BALSAMICOESSIG
1 EL ZUCKERRÜBENSIRUP
CURRYPULVER
CAYENNEPFEFFER
PAPRIKAPULVER
SALZ

1 DOSE KIDNEYBOHNEN (410G)
250 G HAFERFLOCKEN, ZART
1 EL SPEISESTÄRKE
SENF
MAJORAN
CURRYPULVER
SALZ

300 G RÄUCHERTOFU
BIER
4–5 EL DINKELMEHL
1 EL SPEISESTÄRKE
1 TL BACKPULVER
SALZ

300 G SAUERKRAUT
SONNENBLUMENÖL ZUM BRATEN
HANFSAMEN, GERÖSTET

Kartoffeln mit Schale kochen. Rote Bete fein würfeln und ebenfalls weich kochen.

Gurke mit Schale grob raspeln, Dill hacken, mit etwas Apfelessig und wenig Olivenöl sowie Salz und Pfeffer anmachen.

Für die Currysauce die Zwiebel fein hacken und in einem Topf mit etwas Öl anschwitzen. Passierte Tomaten, gehackten Knoblauch, Wasser, Apfelmus, Balsamicoessig und Zuckerrübensirup hinzugeben. Mit Currypulver, Cayennepfeffer, Paprikapulver und Salz würzen. Alles aufkochen und für 10 Minuten auf niedriger Stufe köcheln lassen.

Für die Bete-Bohnen Buletten die Kidneybohnen abgießen und zusammen mit der gekochten Roten Bete, den Haferflocken und Stärke in eine Schüssel geben. Mit Senf, Majoran, Currypulver und Salz würzen und alles gut verkneten, dabei die Bohnen zerdrücken. Etwas Wasser hinzugeben, sollte die Masse zu trocken sein. Es darf nicht zu klebrig oder gar flüssig sein. Mit den Händen kleine Buletten formen.

Tofu in dicke Streifen schneiden. Aus Dinkelmehl, Stärke, Backpulver, Salz und Bier einen dickflüssigen Teig anrühren. Tofustreifen eintauchen und im heißen Fett frittieren. Buletten in der Pfanne braten.

Gekochte Kartoffeln mit den Händen auf dem Teller zerdrücken. Heiße Currysauce darüber, Buletten und Bierteig-Tofu obenauf legen. Mit Gurkensalat, Sauerkraut und Senf servieren. Mit Petersilie und Hanfsamen garnieren.

Crashed Potatoes sind auch super zum Grillen geeignet!

DIE GEISHA

KOKOS-REIS-BURGER MIT MISO-TOFU, WEISSKRAUT, NORI-PESTO, ANANAS, CHILI SAUCE UND DAZU MANDELBUTTER-BROKKOLI

300 G BASMATIREIS
3 EL KOKOSRASPEL

1 BROKKOLI
100 G MANDELSPLITTER
PFLANZENMARGARINE

4 SCHEIBEN ANANAS
CHILISAUCE (SEITE 26)

1/2 WEISSKOHL
APFELESSIG
OLIVENÖL
ROHROHRZUCKER
SALZ & PFEFFER

4 BLÄTTER NORI-ALGEN
2 EL SONNENBLUMENKERNE
AGAVENSIRUP
OLIVENÖL
ZITRONENSAFT
SALZ & PFEFFER

200 G RÄUCHERTOFU
MISOPASTE

FRISCHER KORIANDER
1 UNBEHANDELTE ZITRONE

Weißkraut fein hobeln und mit Apfelessig, Olivenöl, Zucker, Salz und Pfeffer anmachen.

Räuchertofu in Scheiben schneiden und in einer Marinade aus Misopaste und Wasser marinieren.

Reis mit der doppelten Menge Wasser und etwas Salz zum Kochen bringen. Auf niedrigster Stufe köcheln, bis das Wasser verschwunden ist, dann weitere 10 Minuten mit geschlossenem Deckel stehen und quellen lassen. Kokosraspel im Mixer klein mahlen und unter den Reis rühren.

Chilisauce (Rezept Seite 26) zubereiten.

Für das Nori-Pesto die Algen mit etwas Wasser einweichen, dann zusammen mit den Sonnenblumenkernen, einem Spritzer Zitronensaft, ein paar Tropfen Agavensirup, reichlich Olivenöl und Salz und Pfeffer im Mixer pürieren.

Brokkoli-Röschen in Salzwasser bissfest garen und abschrecken.

Ananas in Scheiben schneiden und mit den Tofuscheiben kurz in der Pfanne mit etwas Pflanzenmargarine anbraten.

Koriander hacken und mit etwas Zitronenabrieb mischen.

Mandelsplitter mit etwas Pflanzenmargarine in der Pfanne anrösten, Brokkoli-Röschen kurz mitschwenken und salzen.

In der Tellermitte mit Hilfe eines Servierringes (Achtung, dieser sollte größer sein als eine Ananasscheibe) zunächst den Reis etwa daumendick einfüllen und festdrücken. Nori-Pesto verteilen, darauf eine Ananasscheibe legen. Miso-Tofu, Krautsalat und Chilisauce auf die Ananas stapeln, zuletzt wieder eine Schicht Reis und mit Koriander und Zitronenschale bestreuen. Mandel-Brokkoli drumherum drapieren.

Die Geisha war der heimliche Star unter unseren Hauptgerichten und hatte einige Fans...

MERRY XMAS

DEFTIGER LINSENBRATEN AN OMAS ROTKRAUT MIT CHAMPIGNON-ROTWEIN SAUCE AUF THÜRINGER KLÖßEN UND GRÜNKOHL-GRANATAPFEL SALAT

120–150 ML GEMÜSEBRÜHE (SEITE 34)

300 G LINSEN
100 G HAFERFLOCKEN, ZART
50 G GEHACKTE MANDELN
1 EL LEINSAAT
1 TL DINKELMEHL
1 TL BACKPULVER
1 EL TOMATENMARK
1 EL SENF
SOJASAUCE
1 ZWEIG ROSMARIN
THYMIAN
PAPRIKAPULVER
1 PRISE KALA NAMAK SALZ
SALZ & PFEFFER
AGAVENSIRUP

1 ROTKOHL
1 ZWIEBEL
1 APFEL
200 ML ROTWEIN
1 LORBEERBLATT
3 NELKEN
SALZ & PFEFFER

1 ZWIEBEL
1 KNOBLAUCHZEHE
5 CHAMPIGNONS
2 MÖHREN
1/2 TUBE TOMATENMARK
350 ML ROTWEIN
200 ML BRÜHE
OREGANO
PAPRIKAPULVER
ZIMT
AGAVENSIRUP
SALZ & PFEFFER
SPEISESTÄRKE
PFLANZENMARGARINE

1,5 KG KARTOFFELN, MEHLIG
2 EL SPEISESTÄRKE
MUSKAT
SALZ & PFEFFER

500 G FRISCHER GRÜNKOHL
OLIVENÖL
1 KLEINE ROTE ZWIEBEL
1/2 GRANATAPFEL
2 UNBEHANDELTE ORANGEN
1 KLEINE KNOBLAUCHZEHE
APFELESSIG
AGAVENSIRUP
SALZ & PFEFFER

Achtung, der Linsenbraten sollte bestenfalls bereits am Vortag zubereitet werden! Das Gleiche gilt auch für die Gemüsebrühe, Rezept auf Seite 34!

Backofen auf 180 Grad vorheizen.

Für den Braten die Linsen kochen. Dann mit Haferflocken, gehackten Mandeln, Leinsaat, Dinkelmehl, Backpulver, Tomatenmark, Senf, Sojasauce, Rosmarin, Thymian, Paprikapulver, Kala Namak, Pfeffer und Agavensirup vermengen und gut verkneten. Masse in eine Kastenform (am besten Silikon) füllen, mit Alufolie abdecken und für 30 Minuten bei 160 Grad backen, Alufolie entfernen und weitere 15–20 Minuten bei 180 Grad backen.

Für die Bratensauce die Zwiebel fein schneiden und in einer großen Pfanne mit Öl anschwitzen. Champignons und Möhren ebenfalls fein schneiden und hinzugeben, auch kurz anschwitzen, dann Tomatenmark einrühren. Mit Rotwein ablöschen, Brühe hinzugeben und auf niedriger Stufe 10–15 Minuten einkochen lassen. Mit gehacktem Knoblauch, Oregano, Paprikapulver, Zimt, Agavensirup und Salz und Pfeffer würzen. Durch ein feines Sieb oder ein Passiertuch drücken. Die Sauce noch einmal aufkochen und mit etwas Speisestärke abbinden. Ein Stückchen Pflanzenmargarine hinzugeben und noch einmal mit Salz abschmecken.

Für das Rotkraut die Zwiebel fein würfeln und in einem Topf mit etwas Öl anschwitzen. Den Rotkohl fein gehobelt und einen kleinen, in Würfel geschnittenen Apfel hinzugeben und kurz anschmoren lassen. Mit Rotwein ablöschen. Lorbeerblatt, Nelken und Salz hinzugeben. Für eine Stunde auf kleiner Flamme bei gelegentlichem Umrühren köcheln lassen.

Grünkohl fein schneiden und mit etwas Olivenöl gut durchmassieren. Dressing aus fein gehackter Knoblauchzehe, Saft einer Orange, Apfelessig, Agavensirup, Salz und Pfeffer zubereiten. Zwiebel fein würfeln. Grünkohl mit Dressing, Zwiebel, den Filets einer Orange und den Granatapfelkernen mischen.

Für die Klöße die Kartoffeln schälen. 2/3 der Kartoffeln fein reiben und durch ein Passiertuch so trocken wie möglich auspressen. Restliches Drittel der Kartoffeln kochen, danach abgießen und durch eine Kartoffelpresse drücken. Den heißen Kartoffelbrei, geriebene Kartoffeln und Speisestärke miteinander verkneten, dann mit Muskat und Salz und Pfeffer abschmecken. In einem großen Topf ausreichend Salzwasser erhitzen. Klöße formen und im Salzwasser für 20 Minuten gar ziehen lassen – Achtung, das Wasser darf währenddessen nicht aufkochen! Mit einer Kelle vorsichtig herausnehmen und in einem Nudelsieb kurz abtropfen lassen.

Linsenbraten in Scheiben schneiden und in der Pfanne von beiden Seiten kurz anbraten. Mit Klößen, reichlich heißer Bratensauce, dampfendem Rotkraut und Grünkohl-Salat servieren!

Für dieses Gericht solltet Ihr euch unbedingt genug Zeit und Ruhe einplanen. Einige Schritte des Rezeptes sind nicht ganz so einfach, deshalb schadet ein Probelauf vor dem großen Auftritt vor Publikum hier nicht.

Für eine traditionellere Version der Klöße könnt Ihr noch altes Brot oder Brötchen klein schneiden, in Pflanzenmargarine anrösten und die Würfel in der Mitte des Kloßteiges verstecken, bevor ihr die Klöße im Salzwasser gar ziehen lasst!

BANANA ISLANDS

GLUTENFREIER BANANENKUCHEN
MIT MANDELN, SAHNEHAUBE UND EINER NOTE ZIMT

2 DOSEN KICHERERBSEN
(JE 400 G)
3 EL MANDELMUS
2 BANANEN
2 TL BACKPULVER
1 VANILLESCHOTE
3 EL ZUCKERRÜBENSIRUP
2 TL ZIMT
2 EL ZITRONENSAFT

4 EL JOHANNISBEERGELEE

150 ML AUFSCHLAGBARE
PFLANZEN-SAHNE
1 PK SAHNESTEIF
2 EL ZITRONENSAFT
AGAVENDICKSAFT

4–5 BANANEN
25 G KUVERTÜRE
2 EL KOKOSMILCH
GEHACKTE MANDELN

Backofen auf 180 Grad vorheizen. Für den Boden Kichererbsen abtropfen und mit Mandelmus, 2 Bananen, Backpulver, Mark aus der Vanilleschote, Zuckerrübensirup, Zimt, und Zitronensaft in einer Schüssel mit den Händen verkneten und dabei Kichererbsen und Bananen gut zerdrücken bis ein cremiger Teig entsteht. Funktioniert auch super mit dem Pürierstab oder einer Küchenmaschine.

Eine runde Backform (26 cm) mit Backpapier auslegen und den Teig darauf verteilen. 20 Minuten backen, danach gut abkühlen lassen.

Aufschlagbare Sahne mit dem Handrührgerät steif schlagen, dabei Sahnesteif und Zitronensaft vorsichtig dazu geben und nach Belieben mit Agavendicksaft süßen.

Den ausgekühlten Boden mit dem Johannisbeergelee bestreichen.

Tortenring anlegen oder einfach äußeren Teil der Backform darum lassen. Bananen längs dritteln und den Boden dicht damit belegen (am besten im Kreis vorgehen).

Sahnecreme auf den Bananen verteilen und glatt streichen. 30 Minuten kühlstellen.

Kuvertüre mit Kokosmilch in einem Topf auf kleiner Flamme schmelzen und die fest gewordene Creme damit besprenkeln (Achtung, nicht zu dicht sonst lässt sich der Kuchen nicht so gut schneiden). Mit gehackten Mandeln verzieren.

Mandeln und Mandelmus mit Erdnüssen und Erdnussmus ersetzen ergibt ebenfalls eine sehr leckere Variante!

WILLI WONKA

SCHOKOLADENKUCHEN MIT ZITRONIGER KOKOS-VANILLE CREME

225 G GETROCKNETE,
SCHWARZE BOHNEN
50 G KAKAOPULVER
1 EL KAFFEEPULVER
2 TL CHIASAMEN
100 ML OLIVENÖL
1 PK BACKPULVER
200 G ROHROHRZUCKER
400 ML WASSER
1/2 VANILLESCHOTE
1 PRISE SALZ

500 ML KOKOSMILCH
30 G SPEISESTÄRKE
40 G ZUCKER
1/2 VANILLESCHOTE
1 UNBEHANDELTE ZITRONE
1/2 TL KURKUMA

200 ML KOKOSMILCH
180 G KUVERTÜRE

Backofen vorheizen auf 180 Grad, runde Backform (26 cm) mit Backpapier auslegen.

Für den Boden die Bohnen in der Küchenmaschine, einem Mixer oder einer Kaffeemühle zu Pulver zerkleinern. Zusammen mit dem Kakaopulver, Kaffeepulver, Chiasamen, Öl, Backpulver, Zucker, Wasser, dem Mark einer Vanilleschote und einer Prise Salz in eine Schüssel geben. Mit dem Schneebesen gut verrühren. In die Backform geben und 30 Minuten backen. Danach gut auskühlen lassen.

Für die Vanille-Zitronen Creme die Kokosmilch – 4 EL zurückhalten – zum Kochen bringen, Stärke, Zucker, Vanilleschote, Kurkuma, Zitronensaft und Schale verrühren und mit der zurückgehaltenen Kokosmilch glatt rühren, dann in die Kokosmilch im Topf einrühren. Die Creme direkt auf den ausgekühlten Boden (Backform oder Tortenring verwenden) verteilen. Die Creme mit Frischhaltefolie bedecken und leicht andrücken, dass verhindert die Bildung einer Haut bis die Schicht komplett abgekühlt ist.

Die Kuvertüre zusammen mit der Kokosmilch auf mittlerer Stufe in einem Topf schmelzen und dabei ab und zu rühren, damit sich eine homogene Masse bildet. Die Ganache nun auf der Vanille-Zitronen Creme verteilen und abermals 30 Minuten kalt stellen.
Zuletzt dekorieren nach Lust und Laune!

Dieser Kuchen war der absolute Liebling unserer Gäste und auch wir kriegen nie genug von Willi Wonka!

MATCHAMISU

SOFTER MATCHA BISKUIT MIT CASHEW-KAFFEE CREME UNTER EINER SAHNIGEN DECKE

300 G DINKELMEHL
100 G ROHROHRZUCKER
1/2 PK BACKPULVER
1/2 VANILLESCHOTE
3 – 4 TL MATCHAPULVER
2 TL KURKUMA
300 ML WASSER
60 ML OLIVENÖL
1 PRISE SALZ
ETWAS ZITRONENSAFT

150 G CASHEWKERNE
150 G KOKOSRASPEL
100 ML KALTER STARKER KAFFEE
4 EL KOKOSÖL
ZUCKERRÜBENSIRUP
ZIMT

200 ML AUFSCHLAGBARE
PFLANZEN-SAHNE
1 PK SAHNESTEIF
ETWAS ZITRONENSAFT

1 EL KAKAOPULVER

Backofen auf 175 Grad vorheizen. Wer keine rechteckige Kuchenform hat, der kann eine Springform (26 cm) mit Backpapier auslegen. Für den Biskuitboden Mehl, Zucker, Backpulver, Vanille, Matchapulver, Kurkuma und Salz in einer großen Schüssel verrühren. Dann mit Wasser, Olivenöl und Zitronensaft mit dem Schneebesen zu einem glatten Teig verquirlen. In die Form geben und 10 – 15 Minuten backen. Danach komplett auskühlen lassen.

Für die Cashew-Kaffee Creme im Mixer die Kokosraspel fein mahlen. Cashews, Kaffee, Kokosöl, Zitronensaft, etwas Zimt und nach Geschmack Zuckerrübensirup hinzufügen und cremig mixen.

Den Boden aus der Springform lösen und vorsichtig mit einem langen Küchenmesser längst in zwei Teile schneiden. Die Creme auf dem unteren Boden verteilen und den oberen Boden auflegen.

Sahne mit Sahnesteif und etwas Zitronensaft steif schlagen.

Sahne sowohl oben als auch seitlich auf dem Kuchen verteilen und glatt streichen. Durch ein Sieb Kakaopulver auf den Kuchen rieseln lassen.

Je nachdem, welches Matchapulver Ihr verwendet, müsst Ihr mehr oder weniger für ein intensives, lebendiges Grün nehmen.

BUGS BUNNY

SAFTIGER MÖHRENKUCHEN MIT KOKOS-BUTTERCREME

225 G DINKELMEHL
180 G ROHROHRZUCKER
3 TL BACKPULVER
1 PK VANILLEZUCKER
1 TL NATRON
3 TL ZIMT
1/2 TL MUSKAT
1 TL SALZ
120 G APFELMUS
150 ML SOJA- ODER
MANDELDRINK
4 EL KOKOSÖL
220 G GERIEBENE MÖHREN

180 G KOKOSRASPEL
80 G ROHROHRZUCKER
2 EL MANDELMUS
250 G PFLANZENMARGARINE

20 G KOKOSRASPEL
ZUM BESTREUEN

Backofen auf 175 Grad vorheizen. Runde Springform mit Backpapier auslegen.

Möhren raspeln, je nach Laune grob oder fein. Alle trockenen Zutaten in einer großen Schüssel vermischen. Möhrenraspel, Apfelmus, Kokosöl und Soja- oder Mandeldrink dazugeben, alles gut mit dem Schneebesen verrühren. In die Springform geben und für 30–40 Minuten backen – Stäbchenprobe!

Den Kuchen gut abkühlen lassen. Vorsichtig mit einem großen Zackenmesser in zwei runde Böden teilen.

Für die Kokos-Buttercreme die Pflanzenmargarine und das Mandelmus mit dem Handrührgerät schaumig schlagen, das kann eine Weile dauern.
Die Kokosraspel und den Zucker möglichst fein mahlen, dann nach und nach unter Rühren zur Butter hinzugeben.

Die Hälfte der Buttercreme auf dem ersten Kuchenboden verteilen, den zweiten darauf legen. Die restliche Buttercreme oben und an den Seiten verstreichen. Das klappt mit einem großen Küchenmesser fast genauso gut wie mit einer Palette. Am Schluss noch mit Kokosraspel bestreuen.

Diese Buttercreme ist nicht so sündig wie eine klassische Variante, da sie mit Hilfe der Kokosraspel auf sehr viel Zucker verzichten kann!

RAW MINI DONUTS

SÜSS, ENERGIEGELADEN UND UNENDLICH WANDELBAR

150 G DATTELN
50 G SONNENBLUMENKERNE
50 G LEINSAAT
50 G KOKOSRASPEL
1/2 TL ZIMT
1/2 VANILLESCHOTE
2 TL MANDELMUS
1 PRISE SALZ
ETWAS ZITRONENABRIEB

1 TL MANDELMUS
AGAVENSIRUP
GEHACKTE MANDELN
ZIMT

1 TL KOKOSÖL
1 EL KOKOSRASPEL
AGAVENSIRUP

Datteln für 30 Minuten in etwas Wasser einweichen. Sonnenblumenkerne, Leinsaat und Kokosraspel grob mahlen, das geht am besten im Mixer. Zimt, Vanille, Zitronenabrieb und Salz dazugeben. Datteln abschütten und klein hacken, zusammen mit dem Mandelmus zu den trockenen Zutaten geben und alles gut verkneten bis ein Teig entsteht. Je nach Art und Beschaffenheit der Datteln muss etwas mehr Mandelmus oder auch, ganz vorsichtig, etwas Wasser hinzugeben werden.

Den Teig in vier gleich große Kugeln aufteilen. Jeweils einen Donut formen, indem die Kugel platt gedrückt und dann mit einer Hand umfasst wird, sodass mit Daumen und Zeigefinger der anderen Hand von oben und unten gleichzeitig ein Loch in den Teigling gedrückt werden kann. Nun noch etwas drehen und dabei in Form modellieren – fertig ist der Basis-Donut.

Für das Frosting haben wir hier zwei Varianten. Es gibt aber unzählige Möglichkeiten, die kleine Süßigkeit zu bestreichen oder das Loch zu befüllen.

Für die Mandel-Zimt Variante einfach Mandelmus mit Agavensirup (nach Belieben dosiert) mit Hilfe einer Kuchengabel kurz verrühren. Einfach den Donut damit bestreichen und mit gehackten Mandeln und Zimt bestreuen. Fertig!

Für die Kokosversion 1 TL flüssiges Kokosöl mit 1 EL Kokosraspel und Agavensirup verrühren. Den Donut damit bestreichen und dann nochmals mit Kokosraspel bestreuen.

Am besten im Kühlschrank aufbewahren, dort bleiben die Donuts problemlos ein paar Tage frisch!

Das perfekte Rezept für Experimente! Ihr werdet staunen wie leicht sich die Donuts variieren lassen. Nutzt die verschiedensten Gewürze, Nüsse und Nussmuse, Saaten, Pülverchen, andere Trockenfrüchte usw...

Es war einmal ein Bistro...

NACHWORT

Zweites Standbein dachten wir. Die zweite Leidenschaft zum Beruf machen, mit einem guten Team, und: „Ja, wenn es sich erstmal eingespielt hätte", könne man sich auch weiterhin der ersten Leidenschaft – dem Tätowieren, Illustrieren und weiteren Arbeiten im Atelier widmen. Ein veganes Bistro: Ohne Fast Food, aber mit Soul Food. Ohne Stempel, ohne Zeigefinger. Für alle, kreativ und inspirierend...
Im Jahr 2014 erfüllten wir uns den gemeinsamen Traum. Ein Herzensprojekt konnte nach vielen Spinnereien, Träumen, Wünschen, Planungen, Kohle-Zusammenkratzen, harter Körper- und Kopfarbeit, Schweiß, Tränen und unendlich viel Vorfreude endlich starten!

Am 4. Mai 2014 öffnete Laauma die Tür. Ein großes Abenteuer begann, wir waren voller Energie, Tatendrang und Romantik. Bereits der erste Tag mit einer gelungenen Eröffnungsfeier ließ verlauten, dass wir genau das Richtige getan hatten. Trotz wenig Werbung für das neue Bistro in der Sonntagstraße in Friedrichshain kamen viele Menschen, die uns mit Motivation für die kommende spannende Zeit belohnten und uns darin bestätigten, dass wir mit unserem Konzept die Vielfalt im Berliner Gastro-Dschungel noch bereichern könnten.
Wir lernten in den folgenden Monaten sehr viel über die Höhen und Tiefen im Gastgewerbe, über Freundschaften und über uns selbst. Die Erlebnisse waren nicht immer positiv; es ist definitiv ein hartes Pflaster, wie man so schön sagt. Mit vielen Hürden hatten wir zuvor nicht gerechnet, aber genauso überwältigte uns auch der Erfolg: Wir konnten es immer noch nicht glauben, dass wir wirklich ein eigenes Bistro eröffnet hatten und jeden Tag mehr und mehr Menschen gemütliche Stunden und leckeres Essen bei uns erleben wollten! 2014 war ein großartiges Jahr für uns, voller Stolz und noch mehr Energie für Kommendes feierten wir den Jahreswechsel. Das neue Jahr brachte neue Herausforderungen: Mehr Ideen wollten umgesetzt werden, Gelerntes verinnerlicht und angewendet werden. Wir hatten einen tollen Sommer und langsam fühlte sich alles real und normal an – wir lebten unseren Traum!

Aber das erste Mal rauchten unsere Köpfe schon Ende 2015: Wir spürten, dass zwei Jobs, die einzeln genommen schon sehr fordernd sind und jeder für sich hohen kreativen Output verlangt, einfach nicht synchron laufen können.

Wir mussten uns im Atelier zurücknehmen, um den Anforderungen im Bistro gerecht zu werden, da wir nicht wollten, dass die Qualität in einem der beiden leidet. So versuchten wir also, eine Balance zu finden und teilten Arbeiten untereinander auf; versuchten, uns gegenseitig den Rücken für das künstlerische Arbeiten freizuhalten. Je mehr Gäste wir im Laauma beglücken konnten, desto weniger Zeit schien uns für das Tätowieren zu bleiben. Daher entschieden wir uns automatisch dafür, im Privatleben Abstriche zu machen und die Freizeit (Freundschaften pflegen, in den Urlaub fahren oder nur nach Hause kommen und leben) einfach außen vor zu lassen. Das ging aber nicht lange gut und wir spürten unsere eigenen Grenzen kurz darauf sehr deutlich. Im Sommer 2016 fuhren wir nur noch auf Reserve.

Dann standen wir zwei Romantiker nun plötzlich vor genau der Entscheidung, die wir nur hätten fällen wollen, sollte unser Bistro nicht bei den Leuten ankommen und wir würden rein wirtschaftlich dazu gezwungen sein. Laauma schließen zu müssen, um wieder ein für uns normales Leben zu haben, war nun die schwierigere Variante. Denn wir dachten ja immer, wir wären Superman und Superwoman und wir kriegen das schon alles easy auf die Reihe. Und natürlich fragst Du jetzt zu recht: „Warum haben die das nicht vorher gewusst?" Und ja, viele Freunde haben uns auch vor der Eröffnung schon schräg angeguckt und über diese Monsterpläne nur den Kopf geschüttelt oder während der Zeit immer gefragt „Wie schafft ihr das nur…?".

Aber unsere Motivation hatte uns damals einfach in höhere Sphären fliegen und auf ganz anderen Ebenen denken lassen. Ohne den Besuch auf diesen Wattewolken wären wahrscheinlich die meisten Ideen für viele große und erfolgreiche Projekte gar nicht erst entstanden. Darum: Hut ab vor all denjenigen, die den Weg weiter gehen (oder fliegen) konnten!

Die Turbulenzen begannen nicht einfach so auf Wolke sieben, wir waren wohl in eine vorbeiziehende Gewitterwolke geraten, dort stecken geblieben und warteten auf den aufklarenden Himmel, um dann im richtigen Moment die Reißleine unserer Fallschirme zu ziehen. Und dieser Moment war jetzt gekommen.

Unser Abenteuer Gastronomie ging zu Ende: Am 25. Dezember 2016 schloss Laauma die Türen. Aber nein, auf den Boden sind wir nicht zurück gekommen, die Nachbarwolken etwas weiter unten sind ja schließlich auch sehr gemütlich…